gespräche mit jonas

..machen Mut zum Leben

Jonas und der Novembertag

Bibliografische Information
der Deutschen Nationalbibliothek:
Die Deutsche Nationalbibliothek verzeichnet
diese Publikation in der Deutschen Nationalbibliografie. Detaillierte bibliografische Daten
sind im Internet über http://dnb.dnb.de abrufbar.
Herstellung und Verlag:
BoD – Books on Demand, Norderstedt

ISBN
9783754397213

www.gespräche-mit-jonas.de
Tel.: 03036742015
Mail: opanic@web.de

Covergestaltung: Wolfgang Nicolaus
Bildnachweis: nemar74 / 123 RS

Inhaltsverzeichnis **Seite**

Wer ist Jonas?

Jonas ist mein übergeordneter Begleiter, Freund und abendlicher Gesprächspartner aus einer höheren Lebensebene. In guten, wie in schlechten Zeiten. Er hilft mir, Lebensbereiche, auch weit über dieses irdische Leben hinaus, zu erforschen. In jedem Falle werden mir dabei viele neue, interessante Sichtweisen aufgezeigt. Wenn Jonas etwas mit mir bespricht, ist seine Antwort schon in meinem Kopf, bevor ich eine Frage zu Ende gebracht habe. Dabei ist er schonungslos offen und gibt Antworten, die mich oft sehr nachdenklich machen. Und das ist gut so, sonst komme ich nicht weiter mit meiner inneren Entwicklung. Ab und zu muss ich einen Tritt in den Allerwertesten haben, bevor ich den Gleichnamigen bewege. Jonas ist Freund, nicht Lehrer. Das macht Sinn, wenn man bedenkt das ich Kraft meines freien Willens eigene Erfahrungen machen muss, um Erkenntnisse daraus zu gewinnen. Er wird immer nur Anstöße geben. Meinen Weg muss ich in jedem Falle selbst gehen.

Der Novembertag

Dieser Freitag war trist, düster und regenreich. Kalter Nieselregen kroch tief unter meine Haut. Sonderlich gut fühlte ich mich damit verständlicherweise nicht. Dieser Tag war auch vollgepackt mit negativen Ereignissen und ich kehrte mehr als müde heim. Zu allem Überfluss verweigerte der Aufzug wieder seinen Dienst. Also neun Stockwerke laufen. „Typisch, kann wieder nur mir passieren", grummelte ich. Zum Glück war es wenigstens trocken im Treppenhaus. Fluchend schleppte ich mich nach oben und pausierte, auf der Heizung sitzend, im fünften Stock. „Bloß gleich ins Bett", dachte ich. Kein Abendbrot mehr essen, keine Dusche und kein Zähneputzen. Am besten nichts mehr sehen und hören. Die nassen Klamotten flogen in die Ecke und schon war ich im Bett. Schnell übermannte mich der Schlaf. Das war ungewöhnlich, denn meistens liege ich noch lange Zeit wach, wälze mich hin und her bis ich eine gutes Schlafposition gefunden habe.

Kaum eingeschlafen, begannen meine unruhigen Beine mir wieder den Schlaf zu rauben. An Ruhe ist dann nicht mehr zu denken. Jedenfalls für die nächsten drei Stunden nicht. Also wieder aufstehen und in der Wohnung herumgeistern. „Na super", schimpfte ich laut. „Was kommt heute noch so", meckerte ich weiter. Ich ging kurz auf den Balkon. Draußen war es verdammt kalt. Meinen Beinen tat die Kälte immer gut. Als ausgemachte Frostbeule war das aber kein guter Einfall. Also wieder zurück ins Wohnzimmer.

Wer das sogenannte Rest-Less-Leg-Syndrom selbst hat, weiß wovon ich spreche. Für jene, die so etwas nicht kennen, meinen Glückwunsch. Ich habe es mir auch nicht ausgesucht. Bekannt ist, dass im Gehirn ein bestimmter Botenstoff nicht richtig funktioniert und hauptsächlich die Nerven, meist in den Beinen, in Unordnung bringt.

Heilbar ist es nicht, aber man kann damit leben, wenn man unter anderem Alkohol strikt meidet. Es tritt auch oft nur bei totaler Müdigkeit auf. Jedenfalls ist das bei mir so. Aber es ist mehr als belastend, wenn man zum Beispiel im Kino sitzt und ständig mit den Beinen herumzappelt, weil man sie nicht stillhalten kann. Böse Blicke der Sitznachbarn sind dann so gut wie sicher.

Ich lümmelte mich in meinen Sessel und begann nach Jonas zu rufen. Laut. Wie so oft, wenn ich ungehalten bin...

Das Gespräch mit Jonas

„Jonas, warum bin ich so geschlagen mit dieser Krankheit?“ Es kam keine Antwort. Hat er keine Zeit für mich? „Jonas, wo steckst du?“

> „Gemach, gemach mein Sohn. Ich bin schon bei dir. Haben wir wieder schlechte Laune?“

„Sag nicht immer mein Sohn zu mir. Du weißt, ich mag das nicht!“

> „Das weiß ich wohl. Und darum sage ich es ja immer wieder. Dein kleines Ego ein wenig herauszufordern macht mir halt Spaß.“

„Ja, hack nur wieder auf meinem Gemüt herum! Genau das brauche ich jetzt auch noch.“

„Du bist ja nur so ungehalten, weil ich nicht sofort auf der Matte stand als du mich gerufen hast, stimmt's?"

„Genau."

„Verzeih mir, dass ich noch bei jemandem war, dem es schlechter geht als dir."

Ich schwieg. War jetzt wohl besser, denn er hatte recht. Er hat immer recht, und das ärgert mich, denn damit zeigt er mir jedes Mal mein schnödes Unvermögen.

„Jonas, sag mir bitte, warum ich mit dieser Krankheit so arg gebeutelt bin."

„Ah, du kennst das Zauberwort."

„Jonas, komm zur Sache. Mir ist heute nicht nach Wortspielereien zumute", moserte ich, stand auf und lief aufgeregt in der Stube herum."

„Setze dich wieder hin du nervöses Hemd und höre aufmerksam zu. Sprich nicht dazwischen. Frage, wenn ich fertig bin."

„Mein Sohn!"

„Genau. Ich sehe es geht dir schon wieder besser. Dein forscher Zynismus kehrt zurück."

„Das ist kein Zynismus, sondern Frust."

„Willst du auf den Arm?"

„Auf welchen Arm denn, du hast ja keinen."

„Nur nicht frech werden! Also sag ich dir zum Trost; viele Menschen schlagen sich mit dieser Krankheit herum. Das ist nun einmal der menschliche Körper. Er ist eben nicht vollkommen und damit anfällig. Damit musst du halt leben."

„Kannst du wirklich nichts dagegen tun?“

„Nein.“

„Das baut mich mächtig auf!“

„Jetzt wirst du ungerecht.“

„Keineswegs. Aber über solche körperlichen Unzulänglichkeiten gegenüber Krankheiten kann ich mich einfach nur aufregen, das ist alles.“

„Kein menschlicher Körper ist vollkommen. Also reg dich nicht so auf. Außerdem kann man mit dieser Krankheit leben. Hast du selbst gesagt, oder?“

„Ja klar. Ich weiß auch das es Schlimmeres gibt.“

„Siehst du.“

„Heute kam eben wieder alles zusammen. Und meine Pillen gegen diese leidvolle Krankheit sind auch alle."

„Dieser Novembertag macht dir wohl besonders zu schaffen", stellte Jonas fest.

„Und wie! Nieselregen ist gar nichts für mich. Das drückt schon mal auf meine Stimmung. Und wenn mich dann noch jemand anmacht wegen eines unbedeutenden Blödsinns, da könnte ich..."

„Was könntest du dann?"

„Aus der Haut fahren. Aber volle Pulle!"

„Kann ich dir nachfühlen."

„Ach was, wie geht das denn?"

„Ich war auch auf Erden, so wie du. Da durfte ich ebenso das eine oder andere Zipperlein kennenlernen."

„Zipperlein hört sich gut an. Ich würde das sehr gerne loswerden."

„Welcher Mensch könnte von sich behaupten, dass es ihm immer gut geht? Wie du selbst weißt, geht es mit den Befindlichkeiten rauf und runter. Alles völlig normal."

„Ich weiß ja. Und wenn so mancher Zeitgenosse behauptet, alles sei im grünen Bereich, na ja, da gibt es auch schon mal dunkelgrün. Und das öfter als zugegeben wird. Was meinst du dazu, Jonas?"

„Diese Erfahrung kann ich unterschreiben. Kein Mensch redet gerne darüber, wenn es mal nicht rund läuft. Das geht einher mit der Angst etwas zu viel von sich selbst preiszugeben, und dann unberechtigterweise als Jammerlappen angesehen zu werden. Also Zähne zusammenbeißen und nichts anmerken lassen. Ja, das machen viele Menschen so."

„Dann sind wir ja einer Meinung. Aber ist es automatisch als Stärke zu betrachten, wenn sich jemand zum Beispiel nicht, wie ich gerade hier, über diesen Novembertag äußert?"

„Es ist eine vermeintliche Stärke. Für einen geübten Beobachter leicht zu durchschauen."

„Ja was ist denn nun besser? Mit offenen Karten zu spielen, so wie ich? Oder besser die Karten verborgen halten, damit ein Gegenüber nicht hinter die Kulissen schauen kann?"

„Das kommt immer darauf an, wen du gerade vor dir hast. Ich würde mich ausschließlich den engsten Freunden gegenüber so weit öffnen wie du, und meine derzeit wirkliche Stimmung verraten."

„Allen anderen also besser nicht?"

„So ist es. Doch auch bei Freunden solltest du etwas ganz Wichtiges bedenken."

„Mach es bitte nicht zu kompliziert, Jonas."

„Es ist wichtig darauf zu achten, dass eine negative Stimmung auch einen Freund nicht zu sehr belastet."

„Du sagtest eben, dass ich einem engen Freund alles erzählen kann."

„Richtig. Doch wenn du es übertreibst und dein gerade akutes Problem zum Dauerthema wird, dann überforderst du jeden Menschen. Auch Freunde."

„Weißt du, Jonas, ich hatte enge Freunde, denen ich viel von mir verriet. Dann krachte es zwischen uns und Außenstehende bekamen von meinem Innersten Wind. Ich stand dann da wie ein Depp!"

„Ja, das kommt leider vor."

„Man tappt wohl immer wieder in dieselbe Falle, oder? Nun, ich bin eben sehr offen, und das ist oft gar nicht gut für mich selbst, das weiß ich wohl."

„Mach dich daran, besser zu dosieren. Aber es wird immer wieder vorkommen, dass du dich betrogen fühlst, wenn eine Freundschaft auseinanderbricht und alles brühwarm weitergetragen wird."

„Wie kann man das vermeiden?"

„Gar nicht. Das gehört zu den schlechten Erfahrungen, die jeder Mensch machen wird."

„Nun gut, Jonas, ich habe mich entschieden, weiterhin mit offenen Karten zu spielen. Dann muss ich mich nicht verstellen."

„Somit musst du mehr aushalten."

„Ich denke, damit bleibe ich authentischer."

„Eine gute Entscheidung, mein Lieber."

„Ich weiß auch, dass ich mir damit nicht jeden zum Freund machen werde."

„Sollte denn jeder dein Freund sein?"

„Früher wollte ich das, ja."

„Heute nicht mehr?"

„Ich habe erkannt, dass nicht jeder mein Freund ist. Es gibt Menschen, mit denen ich das auch nicht möchte."

„Weil?"

„Man passt nicht mit jedem zusammen. Das ist eigentlich schon alles."

„Damit erübrigt sich eine weitere Frage an dich."

„Was meinst du genau?"

„Das du nicht mehr fragst, warum manche Menschen einfach nicht zusammenpassen. Es ist halt so. Die Vermutung, der andere hätte Schuld daran, erübrigt sich damit von selbst."

„Genauso meine ich das."

„Könnte daraus Einsamkeit erwachsen, weil du nicht mehr nach guten Freunden suchst?"

„Nein, ich suche weiter. Das so etwas, oft auch nach geraumer Zeit erst, scheitert, ist doch ganz normal, oder?"

„Richtig. Da ist etwas bei dir angekommen, ohne dass du in Zukunft daran verzagst.

Es ist eben stinknormal, dass nicht jeder mit jedem zusammenpasst. Menschen haben spezifische Charakterzüge. An diesen Unterschieden kannst du supergut lernen. Auch Toleranz gehört dazu. Die Auseinandersetzungen mit verschiedenen Meinungen sind das Salz in der >Menschensuppe<, sage ich mal. Und ohne die Begegnung mit anderen Verhaltensweisen kannst du nur sehr schwer deine eigene Haltung finden und festigen."

„Jonas, dazu fällt mir etwas ein."

„Lass hören."

„Im Himmel ist man ja, sozusagen, fertig mit seinen Gemütsschwankungen, und hat beständige Werte erlangt."

„Die du hier auf Erden erwirbst."

„Also ist man dann als „fertige“ Seele ohne Stimmungen?“

„Nö.“

„Jonas, alles habe ich jetzt erwartet, aber das nicht.“

„Lass es mich etwas präzisieren.“

„Gerne.“

„Im Himmel sind auch nicht alle gleich. Auch hier gibt es Unterschiede. Allerdings sind diese bei weitem nicht mehr so groß wie in der menschlichen Lebensebene. Deshalb arten hier Meinungsverschiedenheiten nicht aus, sondern werden in Ausrichtung eines ganz großen Zieles zum Himmel und zu Gott in Lösungen geführt.

„Und warum gibt es im Himmel überhaupt noch Unterschiede?“

Jedes Wesen hat grundsätzlich sein eigenes Wesensbild, welches aus dem Geist erwächst."

Äußere und innere Einflüsse

„Als Beispiel zu den äußeren Einflüssen können irdische Jahreszeiten dienen. Sie bilden äußere Einflüsse ab, und wirken auch auf unser Gemüt. Je nachdem, wie du gerade gestimmt bist, kannst du dich von äußeren Einflüssen einnehmen lassen, oder nicht. Das gilt sowohl für gute Wetterbedingungen (die dann Wohlbefinden auslösen), wie auch solche tristen Novembertage.

Und die Stimmungen wüten nur in meinem Inneren herum?“

„So in etwa. Die Jahreszeiten selbst bringen dir also nicht die Empfindungen über diesen trüben Novembertag. Das menschliche Gemüt macht aus diesem Tag etwas Negatives.“

„Ah, ich beginne zu verstehen. So einen Novembertag wird es so immer wieder geben."

„Klar. Und wenn du zum Beispiel supergute Laune an einem solchen Tag hast, dann wird dir auch dieser triste Tag nichts anhaben können, verstehst du?"

„Das ist angekommen, Jonas. Sag mir bitte, gibt es im Himmel Jahreszeiten?"

„Nein."

„Wie schade."

„Warum?"

„Dann fehlt euch da oben ja etwas."

„Was denn?"

Bei euch muss es doch recht langweilig sein, wenn wettertechnisch nicht viel los ist."

„Keineswegs. Wir nehmen Anteil an den irdischen, stark ausgeprägten Unterschieden. Außerdem ist die Langeweile an sich eine rein menschliche Eigenschaft. Eine >fertige< Seele, die von hier oben aus, intensiv andere Menschen auf ihrem Entwicklungsweg unterstützt, hat eine Menge zu tun. Langeweile kommt da gar nicht auf."

„Verstehe."

„Kannst du nun besser die Unterschiede von äußeren und inneren Einflüssen definieren?"

„Ja, jetzt sehe ich auch, dass mein menschlicher Gemütszustand für diese negative Stimmung ausschlaggebend war. Aber wie empfindet ihr das im Himmel? Gibt es da trotzdem nicht auch Momente, wo ihr nicht so gut drauf seid?"

„Wie schon gesagt, wir erleben das zwar auch, aber es tangiert uns nicht. Menschen würden sagen, wir stehen darüber."

„Ok."

„Und das >Darüberstehen< wird der Mensch mit der Zeit lernen. Dann ist das Gemüt viel besser steuerbar."

„Nicht das Gemüt soll *mich* leiten, sondern *ich* das Gemüt", kann ich das so verinnerlichen?"

„Ja. So lernst du auch zu unterscheiden was äußere Einflüsse mit deinem Gemüt so alles anstellen können, sofern du es nicht unter Kontrolle hast."

„Und dieser Novembertag ist so ein typischer Einfluss von außen?"

„Richtig."

„Jonas, mit deinen Erklärungen bekommt dieser Novembertag eine ganz andere Bedeutung. Er ist auch wichtig, damit ich erkennen kann, dass es danach mit meiner Stimmung wieder bergauf geht. Wenn ich also keinen Abstand zu meinen Emotionen aufbauen kann, werden diese mich leiten. Und das zu meinem eigenen Nachteil."

„So ist es! Du bist dann nicht mehr der Steuermann."

„Und die berühmten Ausraster sind so auch nicht mehr weit."

„Absolut. Lerne also mehr und mehr über den Dingen zu stehen. Das geht eben nur wenn du dich vor Erfahrungen nicht drückst. Die Vielfalt der Erfahrungen machen das übersichtliche Erkennen aus.

Merke: Wenn du im Erlebnis direkt involviert bist, ist es schwer Abstand zu bekommen.

Erhalte dir dennoch die Wechselbäder deiner Gemütszustände. Irgendwann kommt der Punkt, wo es dich nicht mehr herunterzieht. Mit Übersicht machen Erfahrungen auch richtig Spaß, weil dir bewusst ist, dass *alle* Erfahrungen von Nutzen für deine innere Entwicklung sind."

„Wenn aber negative Erlebnisse ohne Unterbrechung Schlag auf Schlag kommen, wie kann ich dann Abstand gewinnen?"

„Du meinst, wenn es dich übermannt?"

„Ja, genau das meine ich."

„Da gibt es einen kleinen Trick: Halte einfach nur inne, und sage innerlich >STOPP<. Betrachte diesen heutigen Novembertag. Setze dich, zuhause angekommen, erst einmal hin. Schimpfe meinetwegen auch wie ein Rohrspatz. Das erleichtert.

Lass Revue passieren, wenn der Blutdruck wieder im grünen Bereich ist. Komm also zur Ruhe und sage zu dir selbst: „Nein, ich lasse nicht zu, dass mir dieser Tag so zusetzen darf. Glaube mir, das ist nicht schwer. Dann mache einen Rückblick in die vergangene Woche, und so weiter. Der Abstand zum heutigen Tag und das Verständnis um die Ereignisse einer ganzen Woche, und mehr, stehen damit in einem größeren Rahmen. Und du wirst feststellen, dass sich alles relativiert."

„Kann das jedes Mal so funktionieren?"

„Noch nicht immer, aber immer öfter. Die Übung ist es. Es wird beim nächsten Mal helfen, die Kurve zu kriegen, bevor dich dein Gemüt herunterzieht."

„Im Wechselbad der Emotionen leben, und das noch von außen zu betrachten. Menschen haben es gar nicht so einfach."

„Niemand hat behauptet, dass das einfach ist. Du wirst einen Großteil deines Lebens dazu verwenden, dich selbst ins rechte Lot zu bringen."

„Gibt es noch einen anderen Ausdruck dafür?"

„Ja. Der innere Ausgleich. Aber das bleibt eine Begrifflichkeit. Wichtig ist, zu erkennen, worum es geht. Ich weiß, nach all deinen heutigen Erlebnissen fällt dir das recht schwer. Aber ich habe Geduld mit dir."

„Schön zu hören, Jonas. Das tut gut."

„Jetzt hab auch Vertrauen in dich selbst."

„Jonas, ich gehe jetzt wieder zu Bett."

„Ein guter Gedanke. Du wirst auch gleich einschlafen. Grüble nicht so viel. Die Zeit bringt es mit sich. Alles wird verwertbar sein, warte es nur ab.

Übrigens: Das mit den offenen Karten spielen lehnt sich an ein Prinzip des Himmels an. Hier macht man das grundsätzlich so. Gedanken hinter dem Berg halten, ist hier nicht mehr möglich, weil jeder den anderen in Gänze erkennen kann."

„Gute Nacht, Jonas und ganz lieben Dank."

„Gute Nacht, mein So... Na, das lasse ich jetzt besser."

Nur mal so von Jonas als Gedächtnisstütze

Äußere Einflüsse sind zum Lernen und Erkennen wichtig. Sonst würdest du nicht auf etwas reagieren können. Erfahrungen bringen dich langsam, aber stetig zum gesteuerten Agieren. Die innere Einstellung dazu wird mit zunehmender Reife im Fokus stehen. Dafür braucht es das Bemühen als Solches. Also Hintern hoch und Erfahrungen machen!

Tipp von Jonas für einen tristen Novembertag

Zieh dich an einem Novembertag einfach angemessen an. Dann kriecht dir die Kälte nicht in die Knochen. Und vergiss den Schirm nicht. Schon kannst du den Widrigkeiten trister Tage besser begegnen.

Freue dich auf deine warme Bude, wenn du nach Hause kommst.

Trink abends dann einen guten, heißen Tee, vielleicht auch ein Glas Wein. Genieße es, dass du existierst, gesund und im Warmen bist und wichtige Erfahrungen gemacht hast.

Hallo, ich bin der Jonas

Als Leser hast du mich schon ein wenig kennengelernt. Wie du hier erfahren hast, begleite ich den Autor durch dick und dünn. So behält er besser sein Ziel im Auge.

Er selbst weiß, dass sein Weg vom Atheisten zum Himmelversteher recht lang war. (Er liebt diesen Ausdruck. Ich nicht, aber lassen wir ihm das).

Leicht war es mit ihm bisher nicht, aber was, oder wer ist schon einfach? Er ist auf einem guten Weg, und das ist wichtig.

Das menschliche Leben ist eben kein Spaziergang. Harte Zeiten macht jeder Mensch irgendwann mindestens einmal durch. Doch nur so werden aus Erfahrungen wichtige Werte, die später zum himmlischen Leben unabdingbar sind.

Der Autor

Vielen Dank für deine Zeit.

Meine größte Freude wäre es, wenn du dem Gespräch mit Jonas etwas für dich entnehmen konntest. Vielleicht hast du ein paar Minuten, um dort, wo du dieses Büchlein erworben hast, ein paar Zeilen hineinzuschreiben.

Auf meiner Webseite:
www.gespräche-mit-jonas.de
freut sich auch mein Gästebuch auf dich :)